LE MYSTÈRE

DES MAGNÉTISEURS

ET DES SOMNAMBULES,

DÉVOILÉ AUX AMES DROITES ET VERTUEUSES;

PAR UN HOMME DU MONDE.

Ad majorem gloriam Dei.

A PARIS,

Chez LEGRAND, rue Servandoni, n°. 6, près S.-Sulpice.

1815.

IMPRIMERIE DE DOUBLET.

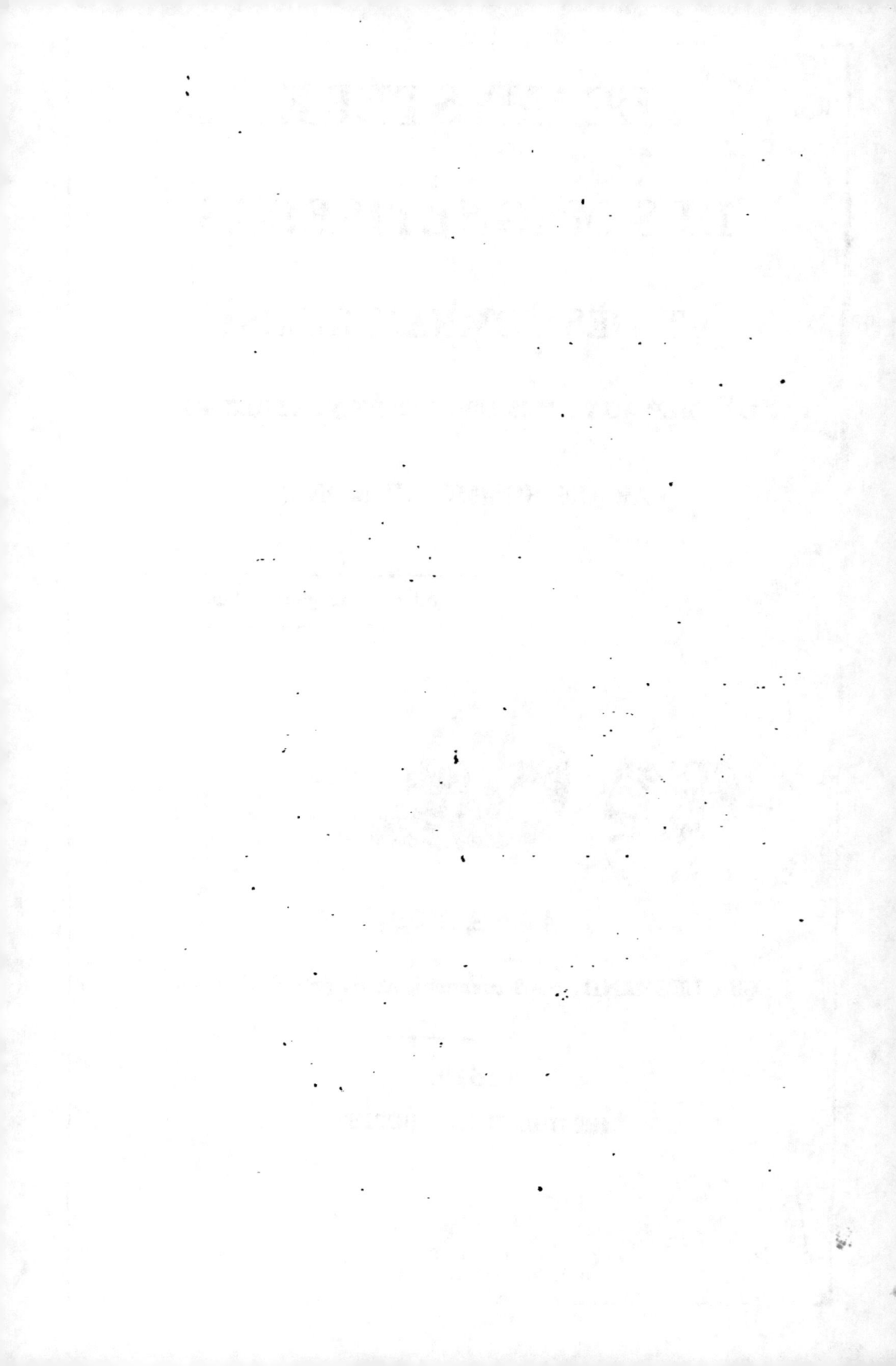

LE MYSTÈRE

DES

MAGNÉTISEURS ET DES SOMNAMBULES,

DÉVOILÉ.

Le Journal des Débats vient de donner quatre articles consécutifs de critique sur le *Magnétisme-Somnambulique*. Le sarcasme et le ridicule sont l'arme avec laquelle le rédacteur s'est plu à combattre ce système et ses défenseurs. Il a sans doute réussi à en prouver le peu d'utilité contre ceux qui prétendent au contraire en tirer un grand avantage pour le soulagement de l'humanité. Mais que peuvent les raisons vis-à-vis de ceux qui ont un grand intérêt de multiplier le nombre de leurs dupes ? Ensuite, ces mêmes raisons deviennent insuffisantes vis-à-vis de certaines personnes qui ne s'attachent qu'aux effets qu'elles voyent, sans vouloir remonter à la cause qu'elles n'aperçoivent pas et qu'elles ne cherchent nullement à connoître. Or, comme parmi celles-ci il en est quelques-unes d'assez bonne foi pour n'agir que par des vues d'utilité et de bienveillance pour leurs semblables, il m'a paru important de tâcher de les éclairer.

Le journaliste, craignant d'abuser de la patience de ses lecteurs, déclare qu'il s'arrête à l'espèce de critique qu'il vient de faire, parce qu'il ne veut pas s'exposer à les fatiguer, en les occupant sérieusement des rapprochemens qu'on pourroit faire des effets extraordinaires que produisent les *Magnétiseurs* et les *Somnambules*, avec ceux que l'histoire rapporte des possédés de Loudun, des devins, des sorciers, et de tous ceux qui se servent des secrets de la magie.

Plus osé que ce littérateur, j'ai pensé qu'on ne devoit pas se borner à attaquer par la plaisanterie seule un sujet aussi grave, surtout dans un moment où la vérité, dégagée de ses entraves, doit se montrer avec toutes ses lumières; et j'ai cru qu'on pouvoit reprendre sa critique au point où il l'a laissée, avec l'assurance de plaire à cette classe de lecteurs qui ont le vrai désir de s'instruire, de connoître la vérité et de se préserver de l'erreur. Les autres doivent en effet supporter impatiemment la censure d'une œuvre qui sert autant leurs projets, et qui est si propre à leur attirer beaucoup de prosélytes; mais leur mécontentement ne me semble pas devoir être une raison valide pour arrêter la plume d'un censeur éclairé, qui est toujours comptable de ses avis et de ses lumières au témoignage de la vérité.

Sans avoir le talent de cet écrivain, je m'estimerois bien heureux, si ce petit mot lancé, sans prétention de savoir, au milieu des faisceaux des sciences modernes, servoit à détromper une seule personne de l'erreur dans laquelle elle se trouve engagée sous le spécieux prétexte des services qu'elle rend à l'humanité souffrante par les moyens et les effets magnétiques-somnambuliques!

Je ne prétends pas soutenir ici que le magnétisme-somnambulique soit un dérivé immédiat de ces manœuvres du démon, connues depuis long-temps sous le nom de *possessions*, d'*obsessions*, de *sortiléges*, de *divinations*, etc. Je dis seulement que ce nouvel art, sans faire partie d'aucunes de ces opérations diaboliques, peut néanmoins être un nouveau stratagème imaginé par le démon pour séduire les ames, augmenter le nombre de ses affidés, et contrarier autant que possible les œuvres de J. C. et de ses Ministres.

Il faut toute la témérité de nos modernes sceptiques pour douter du pouvoir du démon, et de son action sur les esprits et sur les corps, et pour ne croire aucuns des faits consignés dans l'ancien et le nouveau Testament, dans quelques Vies des Saints et dans l'Histoire ecclésiastique, relativement aux possessions et obsessions du démon, et à tous les maléfices de la magie, des sorciers et des devins. Quelques contes puériles, semés dans le champ de la vérité, ne sont nullement capables d'infirmer une suite de faits authentiquement prouvés; mais aussi il faut convenir que tous ces moyens employés autrefois par le démon, et avec tant d'avantage pour sa cause contre Dieu, son Christ et sa Religion, sont, si j'ose ainsi m'exprimer, comme usés par le temps. D'un côté, les incrédules s'en moquent, le peuple n'y a presque plus confiance ni recours; de l'autre, il appartenoit à la religion de J. C., à ses secours, à ses grâces, et à la protection éternelle que lui a promise son fondateur divin, de diminuer de jour en jour des effets dont le démon se

servoit avec de si grands succès. D'après cela , il est
naturel que cet esprit infernal , voyant la réduction
considérable de son empire parmi les hommes, se soit
imaginé quelque autre moyen qui fut plus capable que
ces vieilles ressources de lui attirer de nouveaux sujets,
et de restreindre le plus possible le nombre de ceux
de J. C.

Ainsi, en vertu de sa pénétration, il a pu distinguer
dans l'immense société du genre humain , quelque
homme en qui il aura reconnu le plus de haine pour
J. C., et le plus de bonne volonté pour en détruire
la religion ; et il a pu ensuite le disposer à seconder
ses desseins, en établissant *un rapport* tout particulier, en vertu duquel le nouvel apôtre de l'erreur se
seroit trouvé investi de la faculté de faire certains
prodiges, et de communiquer à d'autres le pouvoir de
les opérer comme lui.

Sous l'empire d'un Dieu juste , sage et bon , la
liberté qu'il laisse au démon de tromper les hommes,
et de les séduire, n'a rien que de juste et de convenable, soit parce qu'elle est une suite du péché de
nos premiers parens , et de l'exercice que doit avoir
constamment la liberté de l'homme pour le choix du
bien et du mal , soit parce que Dieu sait toujours
trouver sa gloire dans les œuvres qu'il souffre sans
les ordonner , et tirer du mal qu'il tolère ou qu'il
permet, un bien infiniment supérieur au plus grand
des maux qui arrivent sous sa surveillance.

Je ne prétends pas non plus nier aucuns des effets
que produisent les *magnétiseurs* et les *somnam-*

bules ; mais ces effets n'étant explicables ni par les causes naturelles, ni par les causes physiques, il faut donc chercher cette explication dans les causes surnaturelles.

1°. Ces effets n'appartiennent pas à l'ordre naturel, puisque l'on n'emploie pour les produire aucuns des moyens qu'offre la nature. 2°. On ne peut pas davantage en trouver la vraie cause dans les procédés de la physique; car rien de vraiment physique ne les produit. En vain, les opérateurs nous présentent pour principe physique une disposition charlatanique de baquets insignifians, ou le mouvement ridicule de quelques gesticulations des bras, ou le crochu plus ou moins combiné des doigts de la main; ils ont beau vouloir provoquer par tous ces stratagèmes la force du fluide, ils ne persuaderont jamais à un vrai physicien que toutes ces grimaces soient des *agens* capables de produire les effets extraordinaires que l'on voit sortir de toutes ces manœuvres préparatoires. Il n'en est pas de ces prétendus agens comme de celui de l'électricité, dont le feu est un effet physique du frottement, et dont la secousse est une conséquence réelle de la force du mouvement électrique. Mais, puisque les effets des magnétiseurs sont réels, et qu'il est également réel que l'on ne peut, sans déraisonner, les attribuer aux prétendus agens que l'on emploie pour les produire, il faut donc en chercher la cause ailleurs; et comme cette cause n'est ni naturelle, ni physique, il nous est permis de la chercher dans les causes surnaturelles. Or, celles-ci sont de deux sortes.

les unes viennent immédiatement de Dieu, et il les opère soit par lui-même, soit par ceux auxquels il en confère le pouvoir; les autres ont le démon pour auteur, et sont une suite de la puissance que Dieu lui a laissée pour des raisons de sagesse et de justice à l'égard des hommes.

Maintenant, si nous démontrons que les effets dont il est question ne peuvent venir de Dieu, et que le démon paroît en être infailliblement l'auteur, nous aurons, je crois, rendu un service important à ceux qui sont journellement la dupe d'un des piéges le plus propres à tromper quelques personnes sensibles et superficielles, qui, sous l'apparence de quelque bien qu'elles peuvent faire, n'aperçoivent pas le grand mal qu'elles s'exposent à commettre, et qu'elles commettent réellement; et nous aurons dénoncé aux amis de la vérité une œuvre de mensonge qui ne s'enveloppe de tant d'artifice et de mystère que pour faire le plus de mal possible à une religion dont ils désireroient effacer jusqu'aux moindres traces.

Je dis que les effets qui sortent des creusets magnétiques paroissent avoir pour principe le cerveau du diable; et je vais le démontrer, 1°. par les noms et les œuvres des principaux opérateurs; 2°. par les moyens dont on se sert pour produire ces effets; 3°. par ces effets mêmes, dont quelques-uns décèlent l'origine d'où ils sortent.

1°. *Par les Noms ou les Œuvres des principaux Opérateurs.*

Il seroit difficile, pour ne pas dire impossible, de découvrir le nom du premier inventeur du magnétisme, si célèbre de nos jours, si l'on vouloit récuser le charlatan *Mesmer*. Cependant je ne lui attribue pas cette invention. Je ne le regarde que comme l'instrument de l'esprit infernal qui la lui a suggérée. Cet empirique, après s'être promené dans diverses parties de l'Allemagne, vint fixer dans Paris le siége de sa dangereuse mission. A-t-il existé avant lui un plus ancien suppôt du démon, qui lui a communiqué ses secrets et ses pouvoirs? La chose est possible, mais peu nous importe de le savoir ou de l'ignorer. Il nous suffit que *Mesmer* est le premier qui a paru parmi nous pour nous révéler cette nouvelle découverte. Ne remontons donc pas plus haut. A la même époque se montra aussi *Cagliostro* qui avoit son genre d'œuvres et de secrets à part. Ne voulant pas m'étendre longuement sur ces deux aventuriers, je me borne seulement à dire ce que tout le monde sait, c'est que dans leur morale et leur conduite, ils faisoient cause commune avec les plus célèbres illuminés de leur temps, *Weishaupt* et compagnie, sous le rapport de leur incrédulité, de leur irreligion, et de leur haîne pour J. C., ses ministres et sa religion.

L'art de Mesmer fit tant d'impression à Paris, que je vis, en 1787, une thèse latine dans laquelle on mit en proposition que J. C. n'avoit opéré ses miracles que par la vertu magnétique (1). A la vérité cette absurdité ne fit pas fortune dans l'esprit des hommes ennemis de l'erreur; mais elle est un monument éternel du projet alors formé par les disciples de Mesmer et autres affiliés, d'attaquer de front les miracles du Sauveur des hommes, dans l'espoir de parvenir en-suite à anéantir sa religion, dont la divinité repose essentiellement sur l'autorité des miracles de son divin fondateur.

En effet, s'il étoit vrai que J. C. n'eut opéré ses miracles que par la vertu magnétique, il seroit in-contestable qu'il n'a été qu'un imposteur, puisqu'il a formellement assuré qu'il n'agissoit, dans toutes ses œuvres miraculeuses, qu'au nom de Dieu, et par sa vertu toute-puissante. Par suite de ce même raison-nement tomberoit tout l'édifice de sa religion qui, au lieu d'être fondée par un Dieu, comme nous le croyons, ne seroit plus que l'ouvrage d'un fourbe et d'un menteur.

Mais loin de nous un doute si contraire à la vérité. Nous avons mille preuves pour une de la divinité de notre Rédempteur. Sa glorieuse résurrection, fait in-destructible, en est le sceau éternel; et l'établissement ainsi que la conservation miraculeuse de sa religion, en est la garantie perpétuelle, et le monument tou-

---

(2) La thèse étoit imprimée. J'étois trop jeune pour y faire une sérieuse attention : je fus seulement frappé de la proposi-tion qui fut remarquée par plusieurs graves personnages qui la lisoient avec moi ; et je n'ai jamais oublié l'impression que me fit ce blasphème, quoiqu'alors je ne fusse pas, comme aujour-d'hui, dans le cas d'en apprécier l'énormité.

jours convaincant pour toutes les générations jusqu'à la fin des siècles. D'après cela, il est démontré que l'auteur de la thèse n'a été qu'un véritable imposteur indigne de la moindre confiance.

Il est remarquable que cette thèse fut composée comme sous les yeux de *Mesmer*. Peut-être en fut-il lui-même, sinon le compositeur, du moins l'instigateur. Mais en supposant qu'il n'ait pas eu une part directe à cette œuvre impie, il est impossible de disconvenir qu'elle n'a dû son origine qu'aux effets de son art. Tout *Paris* étant alors imbu des soit-disant miracles du *magnétisme*, il est tout simple qu'il s'y soit trouvé un ennemi de la religion qui ait voulu attribuer à cet art extraordinaire les merveilles que produisoit J. C.: d'où nous pouvons déjà conclure que ce seul fait, nous donne plus qu'une présomption que cet art, s'il ne tient ni de la magie, ni du sortilége, ne peut être néanmoins qu'une invention du démon qu'il a imaginée pour contrefaire les miracles de J. C., pour en décréditer le merveilleux et pour tâcher d'en anéantir l'autorité.

A la suite des premiers essais de *Mesmer*, ont paru les nouvelles merveilles des *somnambules*, espèces de dormeurs particuliers, dont le sommeil en quelque sorte léthargique, est encore un de ces effets incompréhensibles qu'on ne peut expliquer ni par les lois de la nature, ni par les procédés de la physique. Dans cet état singulier, les endormis se trouvent investis du secret des devins, d'une science prophétique, de la connoissance des maladies et du discernement des

meilleurs médecins. Et ce qui est encore digne de remarque, c'est qu'ils sortent de cet état, comme d'un
songe sans avoir aucun souvenir ni des pensées qu'ils
ont pu avoir, ni des paroles qu'ils ont prononcées,
ni des faits qu'ils ont devinés, ni des aumônes qu'ils
ont faites, ni des maladies qu'ils ont connues, ni des
ordonnances qu'ils ont prescrites : de telles merveilles
sont inexplicables à l'intelligence humaine, si elle veut
en chercher le principe dans les causes naturelles ou
physiques, et dans ses seules conceptions ; mais on le
trouve facilement dans le pouvoir du démon, pour
peu qu'on veuille l'y apercevoir.

Nous avons un nouveau garant de notre opinion
sur l'origine infernale de l'art magnétique somnambulique, dans la conduite de ses principaux (1) défenseurs et opérateurs, qui, marchant fidèlement sur les
traces de *Mesmer*, leur maître, se distinguent dans
leur morale ou leurs écrits par leur incrédulité, leur
irréligion, et surtout par leur animosité pour la religion de J. C. et pour le caractère divin de son au-
guste personne. Enfin, nous avons pour appui de ce
sentiment l'authenticité d'un fait, dont nous avons
acquis la certitude incontestable par l'aveu de quelques
adeptes convertis qui, après avoir conçu une légitime

(1) Je sais qu'il y a quelques écrits modernes en faveur de
l'art que nous critiquons, où l'on se borne au narré des faits
sans faire de réflexions anti-religieuses : ceci est une nouvelle
ruse des défenseurs. C'est par les effets mêmes qu'ils racontent
qu'on doit les juger ; et sans se laisser éblouir par le merveilleux de ces effets, c'est la cause qu'il faut chercher, à laquelle il
faut remonter, et qu'ils ne peuvent jamais nous montrer dans
aucuns de leurs procédés soi-disant physiques.

horreur pour leur secte et ses manœuvres, sont revenus de bonne foi à la croyance en J. C., ont renoncé pour toujours à tout exercice de leur art, et se sont livrés avec zèle aux pratiques les plus difficiles de la religion romaine.

D'après cet aveu important, il est certain qu'un initié, pour être jugé digne d'être *Adepte* de première classe, doit avoir abjuré solennellement toute foi dans la divinité de J. C., et professé le mépris le plus décisif pour sa personne, en foulant aux pieds le signe du supplice dont il est mort, autrement dit le crucifix. Cette épreuve étant aussi requise pour le dernier grade des *illuminés francs-maçons*, il est incontestable qu'il existe entre tous ces adeptes de première classe de l'une et l'autre secte, une union des plus intimes d'opinions et de sentimens dirigés particulièrement contre J. C. et sa religion.

D'après cela il paroît démontré, j'oserois presque dire jusqu'à l'évidence, que les effets surprenans qu'opèrent les artistes dont il est ici question, n'appartenant, ni aux lois de la nature, ni aux procédés de la physique, proviennent nécessairement d'une cause surnaturelle, laquelle ne pouvant avoir Dieu pour auteur, ne peut avoir d'autre origine que la suggestion du démon, dont l'intention perpétuelle et le but capital sont de tâcher d'anéantir la foi en J. C. et le respect dû à ses œuvres et à sa religion.

Mais, nous dit-on, tous ceux qui opèrent ces effets ne sont pas incrédules et impies. Au contraire, on en voit un grand nombre que l'on cite comme des per-

sonnes pieuses attachées aux devoirs de la religion.
C'est ici une nouvelle adresse du démon que nous
allons découvrir en faisant l'examen des moyens
qu'employent les adeptes de toute classe pour opérer
leurs incompréhensibles effets.

2°. *Moyens dont se servent les Opérateurs.*

Le premier et le plus important de ces moyens, c'est
celui qu'on appelle *le rapport.* Il faut absolument,
disent les adeptes, être *en rapport* avec eux pour le
succès de leur opération ; c'est-à-dire, qu'il faut que
l'opérateur tienne le *rapport* d'un adepte, et qu'il
mette en rapport avec soi le sujet qui se présente à
lui pour être opéré. Ce *rapport* est le grand secret
de la secte, l'agent caché mais principal, le moteur
indispensable, la pierre angulaire de tout l'édifice
magnétique ; la condition essentielle, enfin, sans laquelle rien ne se feroit.

Il est possible, et cela est même présumable, que
le secret de ce rapport est tel, que l'origine n'en est
connue d'aucun des adeptes actuellement existans, et
que celui-là seul l'a sue, qui, l'ayant apprise immédiatement du démon, soit par révélation, soit par suggestion, s'est promis de n'en faire apercevoir que
l'effet dans la communication du *pouvoir,* en gar-
dant pour lui seul la connoissance de son origine diabolique.

D'un côté, ce *pouvoir,* établi par le *rapport,* est
le fondement de la foi des adeptes, et de celle qu'ils
exigent des malades qu'ils traitent ; de l'autre, il est

comme le gluau avec lequel ils attrapent les dupes, qui, en le recevant, ne se mettent aucunement en peine d'en chercher l'origine. Seulement elles désirent qu'on le leur communique, comme pouvant être un moyen qui les met à même d'être utiles à l'humanité.

Ce *rapport* consiste en un attouchement de main à main, que fait un adepte à un initié, ou celui-ci à un de ses pareils; car il n'est pas nécessaire d'être adepte de première classe pour communiquer le *rapport*. Il répond en apparence au signe maçonnique que se donnent les frères maçons pour se reconnoître entre eux, avec cette différence, néanmoins, que le signe des maçons n'est qu'une simple marque de fraternité, au lieu que le rapport que communiquent nos adeptes paroît être un vrai *pouvoir* nécessaire et même indispensable pour être capabl. J'opérer les effets magnétiques.

Pour connoître la valeur et l'étendue de ce rapport, il faudroit remonter au premier adepte qui en a fait la première communication, et que celui-ci eût voulu avouer de qui il en tenoit le pouvoir, et même l'invention et la connoissance; mais ce secret étant impénétrable, soit d'après le silence du premier adepte ou celui de ses principaux agens successeurs, il faut donc aujourd'hui juger et la valeur et l'origine de ce rapport, soit d'après la nécessité indispensable, ou d'après la nature des effets surprenans et inexplicables que produisent ceux qui en sont munis, soit d'après la vie privée ou publique, la moralité et la conduite des principaux agens, défenseurs et propagateurs de l'art magnétique-somnambulique.

Or, comme nous l'avons dit, le premier que nous connoissons s'être servi de ce moyen, c'est *Mesmer*. Cet homme étoit sinon athée, du moins matérialiste de profession, c'est-à-dire, sans foi en J. C., sans respect pour ses dogmes, ni pour ses plus grands miracles, ni pour sa religion. Les disciples les plus affidés de ce novateur, qui ont depuis lui communiqué le *rapport* qu'ils tenoient de lui, et propagé son art, se sont successivement montrés comme lui incrédules et sans religion. Il est donc naturel de conclure, comme nous l'avons fait, que le pouvoir résultant de ce rapport ne peut venir que du démon, ennemi éternel de Dieu et de son Christ.

On peut plaisanter indifféremment et sans conséquence sur quelques-uns des effets qu'opèrent les magnétiseurs et les somnambules, parce qu'ils ne prêtent qu'au ridicule et au sarcasme; mais ce qui n'est aucunement risible, c'est l'origine du *pouvoir* qui produit ces effets aussi singuliers qu'inexplicables, et le but impie vers lequel il est dirigé. On ne peut s'en moquer que par ignorance ou défaut d'examen, ou par une indifférence anti-chrétienne et condamnable.

D'après ces éclaircissemens, on peut facilement expliquer la raison pour laquelle des personnes, *en apparence pieuses*, s'adonnent à l'art magnétique.

Et d'abord, ceux qui, avec un extérieur de piété, se livrent à cette espèce de profession, ne peuvent être ni très-éclairés sur la religion, ni très-pénétrés de

son véritable esprit. Le plus léger examen des manœuvres de cet art suffiroit pour détacher de l'envie
de l'exercer : les raisons que j'établis ici pour en dé-
tourner sont d'un accès facile pour les moins intelli-
gens.

Ensuite, ces personnes pieuses ne sont que des
femmes ; car il n'y a que dans ce sexe où l'on peut
encore retrouver quelque bonne foi au milieu de l'erreur que je combats.

Pour les hommes, ils sont en général si peu dis-
posés en faveur de la religion, et si naturellement en-
clins à se soustraire à ses lois, qu'ils semblent se com-
plaire à s'associer à une réunion de leurs semblables,
dont ils prisent les mérites d'autant plus qu'ils les
voient s'élever au-dessus de ce qu'ils appellent *préjugés religieux*. De-là leur avidité pour les nou-
veautés qui paroissent attaquer quelques dogmes,
quelques usages, ou quelques pratiques de la religion.
Aussi, pour peu que l'on ait quelques habitudes avec
les sociétés que fréquentent les grands adeptes ou les
simples profès, on découvre bientôt quelque coin du
rideau sous lequel ils voudroient se cacher. S'ils ma-
nifestent de la foi pour quelques-uns de nos dogmes,
il en est d'autres qu'ils rejettent ou méprisent ; s'ils
respectent quelques lois de l'Église, il en est qu'ils
censurent impitoyablement ; s'ils se contiennent jusqu'à ne rien critiquer ni censurer de nos articles de
foi ou de discipline, et si même on en voit parfois qui
se soumettent à quelques-unes de nos pratiques ; il
est impossible de ne pas taxer d'hypocrisie une sem-

blable conduite qui se trouve en contradiction si manifeste avec les principes de leur secte et la nature des œuvres de leur art. Il est évident qu'ils ne la tiennent que pour en imposer au public, pour donner plus de crédit à leurs systèmes et pour propager leur art avec plus de succès. Ils ne peuvent pas être de bonne foi dans l'exercice de cet art, qu'ils savent être si fortement dirigé contre les vrais miracles de J. C. et contre la religion qu'ils font semblant de pratiquer.

A l'égard des femmes qui magnétisent, je ne prétends pas soutenir qu'il n'y en ait aucunes qui ressemblent aux hommes dont je rapporte ici les défauts; je dis seulement que les femmes étant généralement, d'après la nature de leur sexe, plus portées que les hommes à la sensibilité, elles ont aussi plus de zèle à venir au secours de l'humanité souffrante. Or, c'est ce motif plus que tout autre qui les porte le plus ordinairement à s'engager dans les liens d'un art dont elles n'envisagent que le côté qui leur paroît utile, sans s'inquiéter de l'examiner sur celui qui est recouvert de ténèbres. Peu d'hommes, pour ne pas dire aucun, ne se font initier au mystère par le seul sentiment de l'intérêt pour l'humanité, tandis, au contraire, que c'est le plus souvent cette seule raison qui détermine la plupart des femmes.

Ce sont donc les femmes qu'il est le plus facile de détromper, soit parce que les hommes, une fois liés par de semblables chaînes, s'y endurcissent de manière à ne plus écouter la vérité, soit aussi parce que les femmes, étant de meilleure foi, sont plus susceptibles de sortir de leur erreur; ce sont elles enfin qu'il est le plus urgent d'éclairer, parce que ce sont elles que les adeptes se plaisent le plus à séduire, et surtout celles en qui ils aperçoivent le plus de fidélité aux pratiques de la religion, jointes au genre de disposition, d'esprit et de constitution qu'ils reconnoissent leur être les plus propres à servir leurs projets relativement à la propagation et au succès de leur art. Les femmes, tentées par le bien qu'elles se croient en état de produire au moyen du *pouvoir* qui leur est donné par la communication du *rapport*, sont aussi impatientes de le recevoir qu'il leur tarde d'en appliquer les fruits; et, sans penser même si elles vont agir au nom de Dieu ou du démon, elles jouissent d'avance du bonheur de se croire capables de tant de bien, dans la fausse persuasion où elles sont qu'elles servent la cause de Dieu, en opérant des effets qui leur semblent être des œuvres de charité. Cependant, quelques sages réflexions les auroient garanties de leur aveuglement; mais le prestige agit sur elles comme pour les punir du peu de précautions qu'elles ont prises, avant de s'initier à cet art, pour s'assurer si le *rapport* est quelque chose de dangereux ou non; s'il a une origine divine ou diabolique, et si ceux qui le communiquent sont véritablement les amis de Dieu, ou s'ils ne sont que des hypocrites qui cachent sous le manteau de la bienfaisance les vues les plus hostiles contre la religion.

Le deuxième moyen, requis par les adeptes pour le succès de leurs opérations, est relatif à la personne

qui désire ressentir des effets capables de la soulager ou de la guérir. Pour en éprouver, elle doit avoir ce que les adeptes appellent la *foi*. Bien entendu qu'il ne s'agit pas ici de cette foi qu'un bon chrétien a en Dieu, en J. C., en son Église, en ses ministres, en sa religion, et surtout dans les décisions ou réglemens du Pape et dans les mandemens des Evêques, ou la direction des Prêtres en communion avec le souverain Pontife. Un adepte se moque d'une pareille foi; mais on demande à cette personne, seulement si elle a la *foi* dans la vertu des secrets de l'opérateur. Je veux bien que ces messieurs ne fassent pas cette question nommément à tous les malades qu'ils opèrent; mais quand ils l'omettent, ils supposent la *foi* dans le sujet qui se présente devant eux; et si le succès ne répond pas à leurs tentatives, ils repliquent sérieusement: «qu'ap-
» paremment cette personne n'avoit pas la foi. »

Qui pourroit méconnoître ici la parodie impie des œuvres du Sauveur des hommes? L'on sait qu'il est dit dans l'Evangile, que J. C. voulant guérir certains malades, leur demandoit: «Voulez-vous être guéris?»
L'infirme répondant: « Oui, je le veux. » J. C. prononçoit leur guérison en disant: «Allez, soyez guéris;
» votre *foi* vous a sauvés. »

Mais, qui n'aperçoit pas en même temps l'extrême différence qui existe entre cette conduite de l'Homme-Dieu et les grimaces du magnétiseur? Jésus, par sa prescience divine, connoissoit d'avance la disposition du cœur de ses malades. Il leur faisoit ces sortes de questions, non pas pour acquérir des lumières par leurs réponses, mais pour leur fournir l'occasion de rendre eux-mêmes un témoignage authentique de leur foi, et pour leur procurer celle d'obtenir leur guérison comme à titre de récompense d'un mérite personnel, que Jésus leur créoit en quelque sorte à l'instant par la question qu'il leur adressoit. Ensuite il est prouvé par la conduite et les œuvres de J. C. qu'il ne tiroit que de sa propre toute-puissance le pouvoir d'opérer ses miracles. Veut-on qu'il les tint de son Père? Il n'y a en cela nulle contradiction: puisqu'en tant que Dieu, il ne fait avec son Père qu'une seule et même personne. Ainsi, dans les œuvres de J. C. tout étoit divin et adorable, au lieu que dans celles de ses faux imitateurs tout paroît infernal et odieux; car l'opérateur agit en dérision des miracles du vrai Dieu, d'après un projet diabolique de décréditer la divinité de J. C., en faisant un abus blasphématoire des moyens et des expressions les plus sacrées, et en vertu d'un *rapport* mystérieux dont le *pouvoir* ne peut venir que du prince des enfers. Il est donc démontré que les effets qui résultent d'un semblable moyen sont une œuvre pour laquelle toute ame vraiment chrétienne doit avoir non seulement de l'éloignement, mais même de l'horreur, comme d'un péché mortel.

Le troisième moyen requis pour le succès de nos empiriques, c'est que le malade ou l'infirme qui se présente soit un *sujet* susceptible de guérison; et lorsque l'effet n'a pas répondu aux efforts de l'adepte, celui-ci proclame aussitôt sa justification, en disant gravement : « cette personne n'étoit pas un sujet. »

Ainsi, selon ces messieurs, ou c'est par un défaut de *foi*, ou par un vice de constitution du côté des malades, que les opérateurs ne réussissent pas dans leurs opérations. L'on sent trop combien de pareilles défaites sont illusoires, pour que j'en fasse un objet sérieux de réfutation. Elles ont été si souvent frappées de ridicule, que je m'abstiens d'en reparler. Je me borne seulement à faire remarquer combien tous ces manœuvriers s'aveuglent dans leur propre cause, en voulant détruire par imitation les œuvres divines du souverain Thaumaturge qui a pris chair parmi les Juifs. L'Homme-Dieu, qu'ils prétendent copier, a-t-il jamais eu égard aux constitutions humaines, à l'espèce et à la nature des maladies, au caractère des malades, à la foi même des infirmes et des morts ? N'a-t-il pas guéri indistinctement *tous les sujets* qu'on lui présentoit ? n'a-t- il pas même ressuscité ou guéri des payens aussi bien que des juifs ? s'informa-t-il de la religion de l'aveugle-né et du fils du centenier, avant de rendre la vue à celui-là et la vie à celui-ci ? Ses bienfaits ont été aussi universels que sa puissance étoit sans bornes. Ses misérables copistes ont besoin de choisir leurs *sujets* pour agir avec succès : qui ne voit pas ici les tristes limites de leurs pouvoirs et la source impure d'où ils partent ?

Les sujets qu'il leur faut, sont pardessus tout, les personnes qui ont des dispositions à la mélancolie, à l'hypocondrie, aux vapeurs, à la catalepsie, aux fureurs hystériques, je dirois presque à la folie. Aussi les femmes qui ont naturellement le genre nerveux plus sensible et plus irritable que les hommes, sont-elles les *sujets* les plus propres à éprouver les effets de leur art; nous voyons chaque jour que c'est sur le beau sexe que les grands adeptes se plaisent surtout à faire le plus d'étalage de leur savoir, à exercer le plus fréquemment les ressources de leur science, et que c'est lui qui leur a fourni les plus glorieux succès dont ils s'honorent.

Ce n'est pas tout : pour être considéré comme un *sujet* digne de toutes les richesses de l'art et de toute l'attention des adeptes, il ne suffit pas d'avoir une constitution physique telle que nous venons de la décrire, il faut encore, pour la perfection des dispositions, avoir une constitution morale tendante au moins à l'incrédulité religieuse, si l'on n'est pas tout-à-fait incrédule. Alors il est bien rare qu'un opérateur qui traite *un sujet* pourvu du concours de toutes ces dispositions, se retire sans quelque fruit notable d'une opération magnétique ou somnambulique. Mais l'effet est-il tout à l'avantage du malade ou seulement à celui du médecin, ou à celui de l'un et de l'autre ? c'est une question qu'on peut encore décider d'après quelques-uns des effets que nous allons examiner. S'il en est d'insignifians pour le *sujet*, lorsqu'il est du genre masculin, ils n'ont pas le même caractère, lorsqu'il est une femme, surtout quand celle-ci a quelques charmes qui peuvent flatter les yeux de l'adepte.

4°. Mettrai-je ici au nombre des moyens qu'employent les adeptes, le baquet, les gesticulations des bras, et le crochu des doigts dont les opérateurs font un usage si répété et si ridicule? Certes je m'en garderai bien. Ce sont de vraies farces de tréteaux qu'ils veulent nous donner comme cause productive des effets qu'ils obtiennent; ce sont de véritables jongleries qui voilent les mystérieuses ténèbres dont ils s'enveloppent. Cependant veut-on que toutes ces singulières préparations aient une certaine influence sur les effets qui nous surprennent? J'y consens; mais remarquons bien alors que comme il n'y a pas un physicien de bonne foi qui reconnoisse, dans ces prétendus moyens, la cause première de ces effets extraordinaires, il faudra toujours pour la trouver, remonter à ce pouvoir caché renfermé dans le *rapport communiqué*. Ceux-là peuvent être, si l'on veut, des moyens secondaires suggérés par le démon pour faciliter le succès de la cause, ou pour en voiler le mystère; mais le *moyen efficient* est infailliblement le *rapport* dont l'esprit infernal est l'inventeur, le surveillant et le conducteur.

3°. *Effets du Magnétisme-Somnambulique.*

Que ne suis-je ici aux écoutes des mécontens ! il me semble les entendre crier au mensonge et à l'imposture, et taxer l'écrivain qui les combat, d'être un libelliste infâme qui ne se plaît qu'à la calomnie. Je sais que ce langage est d'usage parmi tous ceux qui n'ont que des injures à opposer à la vérité. Je veux bien croire l'existence de tous les effets les plus singuliers que l'on nous raconte des opérateurs dont je critique ici les œuvres; mais aussi je réclame au nom de la vérité, la foi dans les faits que je vais transcrire. Il en est mille qui leur ressemblent. J'en choisis un petit nombre qu'on ne peut me nier sans avoir en même temps la disposition de soutenir qu'il fait nuit en plein midi.

Un jeune homme de la bonne société, dont la maladie tenoit à une des causes décrites ci-dessus, se présente à des adeptes célèbres; déjà ils connoissoient *sa foi* dans la vertu magnétique ainsi que son incrédulité et son irréligion. Ainsi sous ce double rapport, il étoit un sujet recommandable pour les grands magnétiseurs. Réduit par ses médécins au régime le plus austère, il ne vivoit que par combinaison. Cependant on exige avant de l'opérer qu'il fasse un bon diner. L'un de ces adeptes lui offre ce repas avec plusieurs agréables convives, et lui persuade de bien manger selon son appétit et sans scrupule sur le choix des mets. Bien plus content de cette ordonnance que de celle de ses esculapes, il se laissa aller aux attraits de la bonne chère et aux invitations des acteurs. Enfin, après s'être fortement muni de tout ce qu'il avoit trouvé de plus délicat et de meilleur goût en solides et en liquides, le repas étant achevé, il comparoît devant celui des adeptes qui devoit l'opérer. L'opération finie, il se rend chez lui, et il est convenu, quelque temps après qu'il avoit à la vérité ressenti des effets singuliers, mais qu'aucuns n'avoient agi sur sa maladie qui étoit démeurée dans le même état, et qu'il ne lui étoit resté, de cette visite, qu'une plénitude d'estomac, dont il éprouva pendant plusieurs jours les douleurs et les désagrémens. Satisfait de cette première épreuve, il s'est promis de ne plus retourner à la pharmacie magnétique. Peut-être, dira-t-on, qu'il auroit été plus content du remède, si on le lui eut appliqué à jeun; dans ce cas, le défaut de succès seroit imputable à l'avis de l'adepte qui s'est trompé dans son ordonnance, mais qui se consola des suites par quelques effets momentanés qu'il produisit sur le malade, quoique sans le soulager. Il faisoit un essai.

Une jeune femme, bon *sujet* de magnétisme, se présente devant un adepte célèbre. Prévenue du costume qu'elle devoit avoir pour le succès de l'opération, elle arrive, la gorge découverte jusqu'à la ceinture. Instruite des demandes qu'on devoit lui faire, elle étoit préparée sur toutes ses réponses. Ainsi disposée, l'opérateur se met en action, il travaille le fluide, qui, fortement agité, s'incorpore; la dame tombe en syncope. J'ignore la suite de l'événement; j'atteste seulement la vérité de ces indécens préparatifs, et j'ajoute qu'on pourroit en calculer quelques effets, en se rappelant ce qu'un adepte nous apprend dans son ouvrage : qu'une femme, après avoir été frappée d'un sommeil magnétique, et être revenue de cet état, avoüa que (contre l'usage ordinaire d'après lequel on oublie tout, jusqu'aux pensées que l'on a eues pendant ce sommeil) elle avoit eu depuis sa léthargie le souvenir des pensées et sensations qu'elle avoit éprouvées pendant son assoupissement, et que ces sentimens lui paroissoient d'autant plus doux dans cet état, qu'ils lui rappeloient les tendres affections de l'adepte pour elle, et les douces émotions que son cœur éprouvoit pour lui. Si ce ne sont pas les termes textuels de l'ouvrage que je n'ai pas sous les yeux, c'en est du moins le sens véritable. Je supprime ici toute réflexion sur des effets de ce genre dont les bonnes mœurs ont tant à rougir.

Une dame de qualité, depuis long-temps en rapport avec l'un des plus fameux adeptes de la capitale, se trouvant à Strasbourg, eut une certaine curiosité de s'ouvrir à un ecclésiastique respectable de cette ville sur les effets en général que produit le magnétisme somnambulique, et sur ceux en particulier qu'elle éprouvoit d'après ses rapports particuliers avec l'adepte de Paris. Le bon prêtre se contenta de lui dire qu'il y avoit un moyen simple de s'assurer si ces sortes d'effets, qu'on lui disoit inexplicables, et qu'il trouvoit de même, étoient surnaturels ou non; et si, dans ce cas, ils provenoient du ciel ou de l'enfer : c'étoit de prendre avec soi un crucifix et de l'invoquer *pieusement* ; ou de se mettre en prières vis-à-vis une image de la rédemption des hommes, ou même à défaut de crucifix et d'image, de faire le signe de la croix toutes les fois qu'on ressentoit quelques-uns de ces effets.

Cette dame, qui n'avoit pas encore perdu totalement la foi en J. C., suivit l'avis de l'ecclésiastique ; et, prenant en main un crucifix qu'elle invoqua dans un moment où elle éprouvoit les effets accoutumés, elle s'aperçut qu'ils cessèrent aussitôt. La conviction augmenta , lorsque quelques jours après elle reçut de l'adepte, avec lequel elle étoit en *rapport ,* une lettre de surprise et d'étonnement, par laquelle celui-ci lui mandoit , « qu'il falloit qu'il se passât quelque chose » d'extraordinaire entre elle et lui , parce qu'il s'étoit » aperçu qu'il y avoit une interruption sensible entre » leurs *rapports* ordinaires. » La dame fait à l'adepte une réponse évasive. Une seconde épreuve recommence ; elle employe le même remède : même reproche lui arrive de la part de l'adepte. Enfin , à une troisième fois, elle lui fait l'aveu du moyen dont elle a usé contre ses prestiges ; et depuis tous leurs rapports ont cessé.

Sans doute que plus d'un téméraire niera ce fait ou s'en moquera, parce qu'il n'a d'appui que mon seul témoignage, d'après celui de la personne de qui je le tiens; mais, pour moi, cette personne est si fort au-dessus du moindre soupçon de la méfiance, qu'il ne m'est pas plus permis d'en douter que de mon existence, d'autant que, méritant par ses vertus toute confiance de ma part , elle n'a eu nul intérêt particulier à inventer un tel fait pour m'en imposer. Ensuite, pour le rendre croyable aux autres, je rappellerai ici ce j'ai déjà rapporté plus haut sur cette condition si impie qui est de rigueur lorsqu'un initié veut être reçu adepte de première classe. L'on a vu que, pour obtenir cette faveur, il falloit auparavant fouler aux pieds un crucifix pour preuve de la haine que l'on porte à la religion de J. C., et du mépris qu'on a pour la Divinité. D'après cela il n'est nullement étonnant que ce signe adorable, étant *pieusement* invoqué contre les prestiges d'un pareil adepte, ne paralyse toutes ses tentatives, et ne rende nuls tous les effets qu'il s'efforce de produire, soit contre la foi en Dieu et en J. C., soit contre ses miracles qui sont le garant de la divinité de sa religion, soit contre ses préceptes et sa doctrine, soit contre tout ce qui pourroit porter atteinte à la morale et aux bonnes mœurs. Il est reconnu par mille traits plus certains les uns que les autres, que le crucifix est l'arme la plus directe et la plus sûre du chrétien contre tous les artifices du démon. Ainsi, l'effet indubitable du pouvoir de ce signe adorable contre les prestiges de l'art magnétique somnambulique, est une démonstration rigoureuse de l'origine infernale de cette science mystérieuse.

A cet effet sensible de la vertu du crucifix et de sa *pieuse* invocation, j'en joins une autre qu'a pu produire la foi simple et une courte élévation mentale du cœur vers le ciel.

Une jeune femme, jolie et vertueuse étant d'un souper où j'étois acteur, fut attaquée par un adepte épris de ses attraits; et d'après le défi qu'elle lui fit de lui faire ressentir aucun effet, il l'ajourna après le repas. Tous les convives devant être spectateurs, la jeune femme accepta l'essai. En conséquence, au sortir de table, l'adepte se met à agiter toutes les articulations de ses bras et de ses doigts, afin d'incorporer à la jeune dame la plus grande masse possible du fluide magnétique; elle soutint toutes ces opérations avec une certaine gravité digne de remarque. Cependant, après une assez longue patience, un éclat de rire, et d'ingénieuses plaisanteries furent tout le succès que l'opérateur retira de ses efforts.

Ces deux exemples, qui sont si fort à l'avantage du *sujet* et à la confusion de l'art et des adeptes, peuvent être autant de modèles à suivre, soit pour une personne qui se trouve imprudemment enlacée avec quelqu'adepte par les liens du *rapport*, soit pour toute autre qui ne l'étant pas, se trouveroit dans une occasion où il lui seroit important de paralyser les prestiges de l'artiste qui voudroit le lui communiquer.

Je termine ici ces sortes de citations. On pourroit les multiplier, je dirois presqu'à l'infini, si l'on vouloit rapporter toutes les histoires que les sallons fournissent sur des faits à-peu-près semblables ; celles-ci suffisent pour le but que je me suis proposé, d'autant que j'en atteste la vérité en dépit de tout incrédule qui voudra les nier.

Je sais que les adeptes répondent aux citations de ce genre, « qu'on abuse de leur art contre leur gré et leur intention, et que l'on ne doit pas le juger par les abus qu'on en fait. » Cette défaite est spécieuse ; mais elle ne justifie pas l'art en lui-même.

En effet, que penser d'une telle science dont il est si facile d'abuser et si dangereux de mésuser ? Quelle idée toute ame honnête peut-elle se faire d'un art dont les abus sont si avantageux au libertinage, si favorables aux libertins, si scandaleux pour les bonnes mœurs, si outrageans pour Dieu, si opposés aux œuvres et à l'enseignement de J. C. ? Il suffit donc déjà pour prévenir contre cet art toute personne chaste et religieuse, d'en juger par les dangers et par les abus qu'on en peut faire.

Ensuite, j'ajoute que tout adepte ou initié qui en fait le moins mauvais usage, en se bornant à ne s'en servir que pour devenir utile à l'humanité souffrante, se rend personnellement coupable d'un grand péché, soit pour lui-même, par l'offense qu'il commet contre Dieu en usant d'un moyen diabolique, soit à l'égard de la personne qui s'adresse à lui ; parce que l'art en vertu duquel il agit, paroissant venir directement du démon, être soutenu, propagé et entretenu par l'influence de son pouvoir, un chrétien ne peut, sans pécher mortellement, l'exercer ni pour soi, ni pour personne : car de même que la loi de J. C. défend de s'adresser, en aucuns cas aux devins, aux sorciers, et à aucun de ceux qui peuvent être instruits des secrets de la magie ; de même elle défend d'user de toute autre invention quelconque qui auroit quelqu'affinité ou rapport avec la science et le pouvoir qui viennent du démon. En supposant même qu'on fût assuré, d'après plusieurs exemples connus, qu'un artiste du genre de nos adeptes, seroit capable de guérir une maladie dont on se trouve attaqué, le mal fut-il incurable par sa nature, il faut savoir se resigner à en mourir plutôt que de se faire guérir par des moyens qui peuvent également conduire à la damnation et ceux qui s'en servent, et ceux qui y ont recours. Dieu ordonne bien à un malade d'appeler le médecin, parce que c'est lui qui surveille ses œuvres, soit pour la vie, soit pour la mort; mais il n'entend pas qu'on prenne pour Esculape un ouvrier du démon, quel que soit le bien qu'on en doive espérer et attendre.

Je veux que nos adeptes ne soient ni magiciens, ni sorciers, ni possédés; néanmoins ils sont revêtus d'un pouvoir qui paroît venir directement de l'enfer, et être entretenu par le démon, cela suffit pour qu'un chrétien attaché à sa religion, ait pour tout ce qui tient à leur art le plus sévère éloignement.

Il est incontestable que tous les adeptes, au moins de première classe, appartiennent plus ou moins à ces sectes d'illuminés qui reconnoissent, soit pour chefs ou pour instituteurs, soit pour réformateurs ou centre d'unité, les *Swedimbourg*, *Weishaupt*, *Martin* et autres, qui sont tous affiliés aux sectes rabiniques, et à ces sociétés maçonniques de *première classe* dont on voit l'origine au temps même de J. C. et dont la filiation et les horribles principes sont consignés dans le *jacobinisme* par M. l'abbé Barruel, ouvrage qui est un monument éternel de vérités, puisque l'auteur n'a travaillé que sur des pièces authentiques, et qu'aucun contemporain n'a osé le réfuter. D'après cela, tout ce qui provient d'un semblable laboratoire, est évidemment en opposition directe avec les œuvres de J. C., sa personne sacrée, sa religion et ses ministres. Il est donc non-seulement prudent de s'en méfier, mais même de le rejeter comme étant une œuvre d'iniquité.

Il est curieux de voir quelques adeptes faire une

étude assidue des Œuvres de sainte Thérèse, de sainte
Brigide, de l'Apocalypse, et aussi des volumineux
ouvrages de Montgeron sur les prétendus miracles
du diacre Pâris. Il seroit ridicule de penser que ces
hommes ont par cette conduite, la moindre intention
soit de s'édifier ou de se sanctifier, soit seulement de
devenir de vrais croyans. Non, nous connoissons leur
but, non pas d'après nos seules présomptions, mais
d'après l'aveu que nous tenons de quelques-uns de ces
adeptes. Le projet singulier de ces incrédules, en s'a-
donnant à cette lecture, c'est l'espoir de rencontrer
dans ces divers ouvrages, l'occasion ou le moyen de
pouvoir assimiler les effets extraordinaires de leur art,
avec les faits merveilleux qui sont rapportés dans ces
livres.

Ainsi ils en sont venus à qualifier du nom d'*extases*
quelques effets singuliers que l'on remarque par-fois au
milieu des syncopes magnétiques, et des léthargies
somnambuliques qu'ils comparent ensuite avec com-
plaisance aux pieuses extases d'un saint Jean l'évangé-
liste, d'un saint Paul, d'une sainte Thérèse, d'un saint
Philippe de Néri, etc., et ils concluent, à tort ou à
raison, que les vraies extases qu'ont éprouvées ces
grands serviteurs de Dieu et amis de J. C., au lieu
d'être des miracles intérieurs de la grâce, ainsi que
tout vrai catholique doit le croire, ne sont que des
effets semblables à ceux que l'art magnétique et somnambulique est dans le cas de produire.

Quant aux similitudes qu'ils cherchent à trouver
entre les effets extraordinaires de leur art et les pro-

3

diges opérés au tombeau du diacre *Páris*, je ne leur
en contesterai pas la possibilité; la véritable Eglise de
J. C. ne reconnoissant pas ceux-ci pour de vrais miracles, ils peuvent être aussi bien des œuvres diaboliques que des jongleries mensongères soutenues par
un parti jadis puissant qui cherchoit à appuyer ses
erreurs sur l'autorité de ces prétendues merveilles.

Mais quant aux comparaisons que les magnétiseurs
et les somnambules cherchent à trouver entre les
vraies extases des Saints et les grimaces extatiques de
leurs victimes ou de leurs dupes, c'est une de ces ab-
surdités qui sont de nature à ne pas mériter une réfutation sérieuse. Il suffit ici, pour en faire sentir l'extrême différence, d'observer que tous les Saints que
la grâce divine a placés dans ces sortes d'états béati-
fiques, en avoient mérité l'insigne faveur par une vie
toute angélique, et après avoir édifié l'univers par
leurs vertus, et souvent même après avoir étonné par
de grands miracles : au lieu que ceux qui tombent
dans les prétendues extases du magnétisme somnambulique, ne sont rien moins que comparables à ces
grands Saints, tant du côté de la foi que de celui des
mœurs. Et en supposant même qu'ils ne soient ni
tout-à-fait impies, ni totalement pervers, ils sont les
ennemis directs des vrais miracles qu'ils tâchent de
décréditer par toutes les ressources de leurs artifices.

Ainsi déjà, sur ce point capital, leur religion n'est
nullement équivoque; ensuite, rien dans leur conduite,
pendant leur vie ni après leur mort, ne nous garantit
qu'ils ont vécu, et qu'ils sont morts les amis de Dieu,

comme la vie et la mort des vrais Saints nous l'as-
surent.

J'ai dit que l'art des magnétiseurs et des somnambules, étant un mystère des plus ténébreux, dont
l'origine ne peut être aperçue et jugée que par ses
effets, ne paroît pouvoir venir que du démon ; j'ai
prouvé cette assertion par des réflexions et des citations qui semblent ne devoir laisser aucun doute : je
n'ai plus que quelques rapprochemens sensibles à faire
pour la fortifier. Pour cela, je présente les effets rapportés dans les divers ouvrages composés en faveur de
cet art, et ceux mêmes que l'on se raconte chaque
jour dans les cercles et sociétés où l'on s'entretient
sur cette matière. Pour peu qu'on examine ces effets,
il paroît évident qu'ils ont pour objet l'imitation des
faits les plus merveilleux consignés dans nos divines
Écritures.

Ainsi, l'on doit regarder les convulsions et les syncopes magnétiques et somnambuliques comme une
contrefaçon maligne des possessions ou obsessions du
démon, que cet esprit infernal a voulu décréditer lui-
même, pour tâcher d'en faire tomber le prestige et
de détruire la croyance qu'il en est l'auteur. Les prétendues extases des adeptes ne sont que la parodie
mensongère de ces états extraordinaires qu'ont éprouvés
des Saints de premier ordre au milieu ou à la suite des
plus célestes contemplations ; les divinations et con-
noissances de l'avenir sont dans les somnambules une
imitation toute démoniaque de la science des pro-
phètes du vrai Dieu. Les cures ou guérisons qu'opè-

rent les adeptes sont comme la copie informe des vrais miracles de Dieu, ou de ses Saints, et surtout de J. C., le Saint des Saints.

Toutes ces œuvres de maléfice, et que le démon a le pouvoir de contrefaire par lui-même ou par ses agens, jusqu'à un certain point, tendent donc directement à éteindre la foi, en faisant soupçonner que toutes les merveilles les plus surprenantes et les plus miraculeuses qui sont le sceau et le garant de notre foi, loin de devoir être regardées comme de vrais miracles opérés par la toute-puissance de Dieu, n'ont été que des effets à la portée des facultés de l'homme, et susceptibles d'être produits par des moyens naturels ou physiques, ou purement humains; tels que la vertu de l'aimant ou de quelque autre agent jusqu'ici resté inconnu, mais (pour parler le langage des adeptes) que le progrès des lumières modernes a fait découvrir et peut perfectionner.

Cependant, pour que nous puissions compter sur ce succès à venir, il faudroit que les essais présens fussent des découvertes concluantes. Au lieu de cela, nous venons de démontrer que, loin d'infirmer les vérités de notre foi et d'en détruire la garantie, elles ne font que l'assurer et la confirmer.

La manie impie des adeptes dans leur projet d'imiter les vrais miracles, en a porté quelques-uns jusqu'à la folie de vouloir faire sur une grenouille et autres animaux l'essai de la résurrection des corps. On a ri de leur tentative, et la découverte a tourné à la confusion de l'artiste. D'autres adeptes ont osé soutenir qu'il n'y avoit point pour l'homme de mort réelle, et que ce que l'on appeloit la mort n'étoit qu'une séparation *volontaire* de l'esprit qui, après s'être promené quelque temps dans le fluide aérien, revenoit ensuite réanimer son corps. Un de ces insensés a eu la hardiesse de dire gravement plus d'une fois qu'il étoit ainsi ressuscité deux fois; cependant, à la *troisième*, on l'a porté au cimetière dont il n'est pas revenu.

S'il étoit vrai que l'art magnétique donnât aux hommes le pouvoir d'imiter les merveilles dont nos livres sacrés sont remplis, il est évident que tout l'édifice de la religion crouleroit à l'instant; mais Dieu qui l'a soutenu jusqu'ici contre des efforts bien autrement puissans que ceux de nos adeptes, ne permettra jamais que leur art ou tout autre semblable triomphe de la vérité.

Concluons, et disons à toutes les classes de la société dans lesquelles il peut se trouver quelques dupes de l'art de nos adeptes, qu'il est impossible qu'un chrétien, pour peu qu'il réfléchisse sur nos raisons, qu'il fasse attention à la solidité de nos réflexions et aux faits qui les appuyent, puisse se croire en sûreté de conscience, lorsque, sous le prétexte de rendre quelque service à l'humanité souffrante, il exerce ou il a quelque recours à un art qui paroît si évidemment tenir sa science et son pouvoir du démon. Cette conclusion irritera sans doute, au lieu de toucher, le cœur et l'esprit des adeptes qui n'ont de conscience que pour ce qui convient à leur abominable projet contre la religion ; mais je n'ai écrit que pour ces personnes qui, surprises par le but apparent d'une utilité charitable, demeurent dans une sorte de bonne foi au sein de l'erreur qui leur est inconnue, et qui se trouvent sans le savoir les propagatrices d'une secte qui n'emploie les artifices de son art que dans l'espoir de contribuer autant que possible à la ruine de la religion catholique, qui est celle que tous les incrédules ont le plus de désir de détruire et de faire disparoître. Sans doute qu'ils n'y parviendront pas. Cependant il n'est que trop certain que cette secte réussit chaque jour à enlever un grand nombre de fidèles au royaume de J. C., et à aggrandir considérablement celui du démon, soit en diminuant le zèle de la foi et en atténuant le respect qu'on doit avoir pour les appuis de la foi, soit en corrompant les cœurs par l'esprit d'incrédulité dont on les pénètre, et d'après les atteintes multipliées qu'on porte aux bonnes mœurs, par les moyens divers que les adeptes emploient dans l'exercice de leur art et par les effets souvent scandaleux qu'ils produisent.

Il est certain que cette secte, soit par ses principes philosophiques et moraux, soit par l'espèce et la nature de ses œuvres, tient par les liens de la plus étroite union à ces sectes d'illuminés qui, depuis long-temps, se sont déclarés et manifestés les ennemis (1) de

_____

(1) Déjà sont épuisées toutes les ressources du schisme et de l'hérésie. Celle-ci n'a plus rien désormais à ajouter à toutes les chicanes qu'elle a produites contre la doctrine sacrée ; celui-là vient d'essayer ses dernières fureurs, et tous ses projets ont été déjoués de manière à ne plus laisser rien à redouter. Reste

l'autel et du trône ; toutes ont été unies de système et d'intérêt avec cette secte de prétendus philosophes réformateurs qui ont préparé et amené l'étonnante révolution de France, qui en ont conduit les noirs projets, exécuté les cruautés et commis les atrocités ; qui ont couvert l'Europe de sang et de meurtre, renversé pendant vingt-cinq ans tout l'ordre social, et placé cette plus belle partie de l'univers dans une telle situation, que, si Dieu lui-même n'eût employé la toute-puissance de son bras, par une suite incalculable de miracles évidens de sa divine providence, les maux qu'a faits cette réunion de tant d'ennemis conjurés contre la religion, le repos et la paix de la société, seroient devenus sans reméde comme ils sont déjà au-dessus de toute description.

Les Gouvernemens réparateurs de tant de désordres sont donc essentiellement intéressés à surveiller des associations dont le but est si coupable et les projets si nuisibles. Les Souverains ont dans ce moment un sage exemple à imiter dans la conduite du Pontife de Rome, qui a rendu l'ordonnance la plus précise, tendante à empêcher dans ses Etats le rassemblement

---

donc l'artifice des faux miracles. C'est, d'après les paroles même de J. C., le dernier stratagème qu'emploiera l'enfer, vers la fin des temps, pour séduire, s'il étoit possible, même les élus. Or tout, dans les effets irrécusables et incompréhensibles que procure l'art des magnétiseurs et des somnambules, annonce qu'il doit être comme le laboratoire où se préparent d'avance les grands moyens qui doivent servir à l'Antéchrist, de lumières et de prestiges pour tromper et séduire le grand nombre des hommes qui, éblouis par l'éclat de ses prodiges, n'en approfondiront point la cause, et abandonneront la foi de J. C. pour adopter les infernales erreurs de son ennemi.

de toute société quelconque dont les principes seroient en opposition avec la religion, les bonnes mœurs et la police qui doit exister dans tout pays sagement gouverné.

J'ai traité ce sujet important moins sous le rapport théologique que sous celui d'historien. J'ai raconté ce que j'ai su, vu et entendu. Je n'ai ni mission ni caractère pour inspirer une confiance étendue. Je me suis permis des réflexions qui me sont communes avec tous les amis de la vérité. En cela j'ai agi sans haine pour les individus, mais seulement avec un dessein religieux contre les dangers de leurs œuvres, afin de servir autant que possible la cause de Dieu, de J. C., des bonnes mœurs, et même de ma patrie. Puissé-je avoir quelques succès, et être parvenu à déterminer quelques personnes abusées à sortir de leur erreur et à imiter ces sages habitans de Rome (1), qui, ayant reconnu le vice et les dangers de toutes ces sectes dont ils avoient été les membres et peut-être les victimes, ont publiquement fait pénitence de leur conduite passée, en ont demandé l'absolution au Saint-Père avec les plus vrais sentimens de repentir, et sont rentrés de bonne foi dans la croyance et les pratiques d'une religion sainte qui est la source des vraies lumières et du seul vrai bonheur que l'on puisse rencontrer sur la terre.

(1) Voyez l'abjuration du comte J.-J. Tedeschi (*Journal de l'Ami de la Religion*, tom. 3, pag. 10 et autres.)

FIN.

ADDITION.

Le manuscrit de la petite brochure qui précède, avoit été envoyé par le Directeur de la Librairie, à M. de L...., auteur d'un ouvrage moderne en faveur du Magnétisme, Censeur de la Librairie qui, tout en convenant qu'il n'y avoit rien qui dût en empêcher l'impression: demanda néanmoins à en connoître l'auteur pour avoir avec lui une conférence. Mais comme je ne crois pas convenable de courir après la publicité pour une aussi frêle production, j'ai caché mon nom, même à l'Imprimeur, qui n'a pu l'indiquer à M. de L.... Cependant celui-ci lui a remis une lettre signée, pour me la faire passer par un canal intermédiaire, et c'est cette lettre qui fait le sujet de la présente addition ; (je ne l'ai reçue qu'avec la première épreuve de la brochure.) Si elle m'étoit parvenue plutôt, j'aurois fondu ma réponse dans le cours de la brochure elle-même, je n'ai pas cru devoir faire recommencer la planche, et je me suis contenté d'y ajouter cet accessoire.

M. de L.... est choqué de ce que j'appelle secte, la réunion des opérateurs magnétiques-somnambuliques ; j'avoue que j'ignore si elle forme une secte à part, ou si elle n'est qu'une filiation de celle des illuminés: peu importe au fond de la question ; c'est l'art et ses effets que j'attaque, et non les personnes. Il m'est indifférent de savoir et de prouver que les artistes forment une société unie par des sermens et des statuts, ou qu'ils sont seulement unis par la même opinion et le même système d'opérations sans autre lien entr'eux. Je me suis servi du mot *secte*, parceque je considère l'art en lui-même, comme une erreur anti-religieuse, et j'ai usé des expressions d'*adeptes* et d'*initiés*, comme étant un moyen abrégé pour éviter les circonlocutions dans la distinction répétée que je fais des savans de première classe d'avec ceux de la deuxième et des dégrés inférieurs. Je n'y mets personnellement aucune autre importance. Du reste, l'instituteur de l'art a été *Mesmer*, qui appartenoit bien certainement à la *secte* des illuminés; ainsi je me suis cru d'après cela, autorisé à penser que ses plus intimes disciples participoient, au moins par affiliation à la société des illuminés par un rameau quelconque, si toutefois ils ne forment pas une association particulière. M. de L... me paroît bien décidément n'appartenir qu'à la classe des initiés même inférieurs, vu le peu de lumières qu'il a sur les rapports intimes de cette société, et que sans doute ses principes religieux ont pu le garantir d'une plus haute vocation. Je vais lui répondre le plus succintement qu'il me sera possible.

Il oppose à mes raisons et aux faits que j'articule, des négations ou des doutes qui n'infirment, ni mes raisonnemens, ni mes preuves. Il a dit-il, pour lui, une multitude de faits qui fortifient contre moi, son opinion. Son ouvrage tout entier ne m'a fourni rien de propre à me convaincre ; nos faits vont côte à côte sans se nuire, je n'en nie aucuns ; je combats la cause, le but et l'objet des effets ; je livre ceux-ci aux commentaires.

M. de L... nie l'existence du *Rapport* que j'affirme; et il donne pour raison qu'il n'en a jamais entendu parler, qu'il ne l'a jamais reçu, et qu'il n'en a pas moins produit de grands effets magnétiques depuis 25 ans qu'il en exerce l'art. Nous verrons ci-après, qu'il en a un dont peut-être il ne se doute pas, tant il est peu versé dans les secrets du mystère ! S'il n'a pas celui que j'appelle *de contact*, il a celui que je nomme *intentionnel*, et dont je n'avois pas fait une différence, parceque je ne supposois pas qu'il y eût un opérateur de la célébrité de M. de L...., qui ignorât l'existence du *rapport*. Je le répète, cette ignorance pour ce savant, ne fait qu'honneur à ses principes ; je suis bien loin d'en faire ici le sujet d'une critique.

M. de L.... dit : « que c'est au nom de la religion,
» et même en faisant une prière, qu'on réussit le
» mieux dans les opérations de cet art: donc c'est
» une calomnie à moi d'en attribuer la cause au
» démon ».

Je réponds à ce raisonnement par un fait ; c'est qu'en toute circonstance, une prière faite avec foi en J. C. et son Eglise, paralyse un Magnétiseur et toute l'action de son art. Dans ce conflit d'assertion, M. de L.... et moi nous ne pouvons être pris pour juges : il faut donc en revenir au fond de la question, et aux principes que j'ai établis pour en tirer des inductions qui servent à un juge impartial à décider qui de nous deux a tort ou raison.

Or il est de fait que le premier propagateur de cet art en France et en Allemagne, dans ces temps modernes, c'est *Mesmer*. Cet homme étoit reconnu pour être un des principaux membres de la société des illuminés, incrédules, ennemis déclarés de J. C. de sa religion, de ses miracles, de ses ministres. De plus, il a été notoire à Paris, que l'on a établi dans une thèse imprimée publiquement, une proposition qui attribuoit à la vertu de l'art magnétique, les vrais miracles que J. C. et ses disciples avoient faits. D'après cela il est impossible de croire qu'un tel opérateur qui se trouve en *rapport* soit *de contact* soit *intentionnel* avec les ennemis de J. C. et de sa loi, puisse opérer une des ces œuvres pies, dont Dieu accorde le succès à la sollicitation de la prière.

« Les incrédules, dit M. de L..., sont ennemis du » Magnétisme ; ainsi l'art magnétique n'a aucune ef- » ficacité avec l'incrédulité ; au contraire, il est » une démonstration de la spiritualité de l'âme ».

Qu'entend M. de L.... par ces incrédules ennemis du Magnétisme ? Il faut ici s'expliquer : nous en connoissons de deux sortes : les premiers qui se moquent du Magnétisme par haine ou *force d'esprit*, sont les mêmes hommes qui se moquent de tous les articles les plus respectables de notre foi, et qui ne croyant point en Dieu pas plus qu'aux idoles, se croyent de même autorisés à se moquer des effets merveilleux du Magnétisme-somnambulique, nous les nommons *impies* dans le langage théologique ; bien entendu que, pour se venger des docteurs qui leur ont donné cette dénomination, ils ont à leur tour donné le nom d'*impies* à ceux que nous regardons comme de vrais dévots: (cette qualification est une des *gaîtés* communes à un auteur (1) fougueux qui ne fait rien moins qu'autorité dans le monde raisonnable). Les seconds que j'appelle aussi incrédules, sont néanmoins *croyans* à certains égards. Ce sont ces hommes d'esprit et en général *beaux parleurs*, que l'on nomme dans le monde des hommes à *principes*, qui font l'agrément de quelques sociétés de choix et même l'intérêt de quelques réunions chrétiennes, dont ils flattent les pieux sentimens, par des éclairs de foi qui les charment. Cependant ces hommes *à principes* n'ont qu'une foi partielle en certaines vérités de la foi, et rejettent en même temps, soit la croyance des autres, soit l'obligation stricte des principaux devoirs du culte catholique. Ainsi pour nous, qui d'après S. Jacques, professons que celui qui ne croit pas un des points essentiels de la foi, est censé être incrédule à l'égard de tous, nous jugeons que ces hommes à *principes*, loin de devoir être considérés comme de vrais croyans, ne doivent être regardés que comme faisant partie de la classe des incrédules, à la vérité moins in-

_____

(1) Système de la Nature.

crédules que les impies et les athées qui se moquent de
toute croyance. Ceux-ci peuvent donc être les ennemis
du Magnétisme; mais les autres en sont les vrais amis,
et plusieurs d'entr'eux en exercent l'art avec uné
grande ferveur.

Quant à la preuve de la spiritualité de l'ame, que
M. de L.... veut trouver dans le Magnétisme, nous
pouvons facilement nous en passer, vu le nombre et
la force des autres preuves que nous fournit la méta-
physique, je ne dis pas seulement des savans, mais
encore celle de l'homme raisonnable qui consulte
avec simplicité et bonne-foi les lumières de sa raison.

M. de L.... est extrêmement révolté de la sacrilège
cérémonie du Crucifix; et dans son ignorance toute
religieuse, il croit qu'elle sort de mon cerveau, ne
la croyant pas possible. Je dirai d'abord que ce qui
révolte ce savant et pieux auteur, ne fait pas le
même effet sur l'esprit d'un juif, d'un athée et de
nos esprits forts, qui nous font un crime d'idolâtrie
de notre adoration pour le signe sacré de notre rédemption. Ainsi tandis que M. de L.... se révolte avec
toute raison de cette profanation impie, l'Israélite et
le philosophe moderne se rient du scrupule de M. de
L.... L'illuminé, de quelque secte qu'il soit, qui,
pour mériter l'honneur d'être reçu au premier grade
des adeptes, foule aux pieds un crucifix, croit agir
en brave qui sait se mettre au-dessus des préjugés
d'un esprit asservi aux anciennes puérilités.

A ces raisons je pourrois ajouter l'histoire de M.
le duc de..... avec Mme. de... dont je supprime jus-

qu'aux initiales de leur nom, pour ne pas remuer
leurs cendres par des souvenirs fâcheux. Il n'est pas
un salon de Paris, un peu célébre par le bel esprit de
ses membres, qui n'ait connu de nom ou de figure
ces deux personnages, et qui n'ait su leur histoire,
qui peut faire ici la garantie de la vérité contre
l'imposture que me suppose M. de L....; tant sa belle
ame me paroit être encore éloignée de la croyance
du possible en fait d'impiété.

» Le Magnétisme, dit M. de L.... auroit des dan-
» gers entre jeunes personnes de différens sexes : on
» est averti de cela, et on doit l'éviter : mais il n'a
» nul danger d'une mère à ses enfans, d'un ami sur
» son ami, et entre les mains de gens honnêtes et
» bien pensans: ceux-là ne s'exposent jamais à des
» circonstances qui pourroient réveiller auprès d'un
» malade une autre pensée que celle de faire du
» bien.

Ces paroles textuelles de M. de L.... mériteroient
par leur valeur une longue attention. Je n'en saisis ici
qu'un simple apperçu pour ne pas devenir trop long.
Son aveu est des plus intéressans pour mon objet ; il
prouve que le magnétisme est reconnu pour *être dangereux* à l'égard de la jeunesse, et vis-à-vis des sexes
différens; et qu'il faut en user avec une telle précau-
tion, qu'on ne doit l'exercer que de mère à fille, de
père à fils, d'ami à ami, avec des méthodes honnêtes,
et par l'organe de médecins seulement bien pensans,
c'est-à-dire d'hommes chastes et *à principes*: autrement
il en résulteroit les plus grands inconvéniens en faveur

du libertinage. Quel art que celui-là où il f   t faire des
choix si scrupuleux, avoir des attentions si suivies, et
une surveillance si exacte pour ne pas contrevenir aux
lois des bonnes mœurs ! Et l'on voudroit qu'une pareille trouvaille nous fût apportée du ciel, et que
Dieu en favorisât l'établissement, et en secondât les
effets par une efficacité due à la grâce de la prière ?
Bélial est-il donc devenu le compagnon du vrai Dieu
dans ce siècle si fécond et si extraordinaire en amal-
games ?

M. de L.... argue qu'on a bien abusé des miracles,
et qu'il est tout simple qu'on abuse de l'art magnétique. Mais je lui demande : qui est-ce qui a abusé des
miracles, si ce n'est le démon, par lui-même et par
ses agens ? Eh bien, c'est par un criminel abus des vrais
miracles que le démon cherche encore à les décréditer par l'art magnétique, dont il nourrit et entretient le merveilleux par ses prestiges.

Il y aura toujours cette différence essentielle entre
les œuvres du ciel et celles de Mesmer, c'est que les
premières n'ont pour objet que de faire de *vrais*
croyans, de tous les hommes, soit impies, soit incrédules, idolâtres ou sectaires ; tandis que les œuvres
de *Mesmer* ont évidemment pour but de détacher le
plus d'hommes possible de la vraie croyance, par
le prestige des faux miracles. Un tel art si scandaleux
pour les bonnes mœurs, si nuisible à la foi en Dieu,
en J. C. et en son église, est donc démontré un art
vraiment diabolique, qu'un gouvernement bien réglé
ne doit pas tolérer,

» M. de L.... dit que le Magnétisme ne ressuscite » pas les morts ». Je n'ai certes pas eu la pensée d'attribuer à cet art, la vertu d'un semblable prodige, je dis au contraire, que quand bien même le démon parviendroit à imiter quelques-uns des vrais miracles de J. C., il n'aura jamais en sa puissance le pouvoir de ressusciter un mort, parce que Dieu, l'auteur de la vie et de la mort, s'est réservé exclusivement ce prodige, soit pour lui-même, soit pour ses Saints. De plus, j'ai dit que plusieurs essais ont été faits par dif- férens ennemis de la religion, pour arriver par les pro- cédés de la chimie, du magnétisme, du galvanisme, etc. au point de pouvoir rappeler à la vie un animal mort. Leurs tentatives ayant été toutes infructueuses, c'est sans doute ce qui porta Diderot à inventer un moyen court, pour décréditer l'autorité des vrais miracles de J. C. et de ses Saints ; et ce moyen, qui l'eût pensé avant que ce célèbre coryphée de la philosophie nouvelle l'eût produit ? « c'étoit qu'il ne croiroit pas » à la résurrection d'un mort, quand tout Paris la » lui affirmeroit ». Le grand homme avoit prononcé, sa parole valoit un décret, et j'ai tant de respect pour sa sentence, que je supprime toute réplique.

Cependant les essayeurs de miracles ne se regardè- rent pas vaincus pour avoir échoué dans leurs ten- tatives. Se cofinant sur la validité du secret de Dide- rot, pour abattre le miracle de la résurrection, ils s'occupèrent des autres, et dès-lors il fut décrété dans le conseil magnétique que ces miracles n'étoient que des *effets naturels* d'une cause inconnue. Le magné-

4

tisme leur offroit un champ vaste pour les inductions;
il leur présentoit des effets extraordinaires, et une
cause occulte qui indiquoit un mystère; c'en étoit
plus qu'assez pour accréditer la trouvaille. Il y man-
quoit à la vérité l'application universelle à toute maladie, à toute personne, à tout sexe, à tout âge, à
tous les temps, à tous les lieux, sans aucun risque
pour les mœurs; mais ils avoient d'heureuses ex-
ceptions en faveur des *mères*, des *amis*, de *certains*
malades honnêtes, et médecins bien pensans ; et
avec ce préalable, on pouvoit tenter fortune, et essayer de faire passer J. - C. et ses disciples pour des
charlatans et des imposteurs. Cependant le décret
n'étant pas encore rendu par le conseil des artistes,
nous avons le droit de suspendre notre jugement, et
de nous en tenir à notre doctrine concernant la
toute-puisssance de J. - C., et la foiblesse des magnétiseurs.

« Le magnétisme, dit encore M. de L., ne guérit
» que les maladies qui cèdent facilement à la nature,
» dont il augmente les forces..... J'ai souvent dit à
» des mères : votre enfant souffre; passez longitudi-
» nalement vos mains sur lui avec *attention et vo-*
» *lonté :* si je parlois à des personnes pieuses, j'ajou-
» tois : *en priant Dieu de vous seconder ,* et ce
» moyen a été souvent couronné de succès ».

Ce sont encore les propres paroles de M. de L.,
d'après lesquelles toute la faculté de médecine doit
convenir que les maladies qui cèdent au magnétisme,
doivent être en effet d'une curation facile, puisqu'en

faisant une légère promenade *digitale*, soit depuis le coccyx jusqu'à la nuque, soit en retournant depuis l'os gurgital jusqu'aux rotules, en franchissant les protubérances pectorales, surtout dans le sexe féminin; ou déviant à dextre et à sénestre sur les parties latérales du corps, depuis le col jusqu'aux chevilles, l'on peut guérir les maladies de l'espèce flexible au spécifique magnétique. Je sais qu'en médecine l'on éprouve des effets très-heureux des frictions que l'on fait sur quelques parties du corps affectées de sciatique ou de rhumatisme, dont les liqueurs ont besoin d'être ranimées par l'action naturelle et physique du frottement; mais il étoit réservé à l'art magnétique de nous montrer que le *passage longitudinal* des doigts fait sur toutes les parties du corps, aussi légèrement que possible, *pour qu'il ne reste au malade d'autre impression que le bien*, ainsi que le recommande M. de L....., il étoit, dis-je, réservé à cet art, de faire voir que par des moyens aussi inefficaces en eux-mêmes, on peut obtenir d'aussi grands résultats, et *communiquer au malade une augmentation de forces* sensibles.

Cependant, à ce moyen *digital*, M. de L... a ajouté l'ordonnance précise de l'*attention et de la volonté*; et de plus pour les personnes *pieuses*, *une prière à Dieu*; alors le succès devient sinon infaillible, du moins très-fréquent. Cependant, il peut dépendre du plus ou du moins d'*attention et de volonté*, ou du plus ou du moins de piété de l'opérateur; et quand celui-ci n'a point de piété, alors *l'attention et la volonté* suffisent. D'où il résulte que la prière n'est qu'un accessoire au moyen de l'art qui en certains cas n'en a pas besoin, lorsque c'est un incrédule qui l'exerce.

Ainsi, ce moyen longitudinal, ce passage digital qui en soi ne peut paroître efficace, et qui ne contient ni assez de force naturelle, ni assez de puissance physique, pour guérir une maladie quelconque de celles qui nous sont connues pour être de plus facile curation, ce moyen si foible par soi-même, acquiert dans tous les cas une action véritable par *l'attention* qu'on met à l'activer, et par *la volonté* qu'on apporte à produire les mêmes effets que le docteur Mesmer a produits au moment de la prédication et de l'établissement de son nouveau mystère.

Voilà donc ce *rapport* que j'appelle *intentionel*, qui équivaut au rapport *de contact* dont j'ai parlé, qui devient la cause de l'effet extraordinaire que produit un moyen improductif de sa nature; voilà ce moyen occulte qui, à l'aide du signe visible mis en action par *l'attention* et *la volonté* de l'opérateur, fait toute l'efficacité du remède; voilà enfin ce moyen, si j'ose dire *mystique*, qui constitue la puissance de l'art, et qui assure le succès de ces personnes pieuses dont M. de L.... est du nombre; tandis qu'un adepte véritable, fort du rapport de *contact*, opère en maître, sans recours à aucun accessoire religieux. Celui-ci est à l'usage des coryphées de l'art; l'autre est pour les personnes des deux sexes qui, ayant besoin des dehors de la religion pour donner leur confiance à une telle nouveauté, se livrent à l'exercice de l'art sous le couvert de la pratique de piété que la prière accompagne, et du bien apparent qu'elles opèrent, sans se donner la peine d'approfondir la cause d'où elles tirent la faculté qu'elles exercent, et sans même avoir l'idée du mal qu'elles commettent.

Mais M. de L.... me dira peut-être ici avec S. Paul, que la charité ne pense que le bien, et ne soupçonne pas le mal. Ce précepte ne peut s'appliquer ici. Un vrai chrétien aperçoit dans cet art un danger évident pour les mœurs, des effets qui ne peuvent s'expliquer que par une cause surnaturelle, puisque le moyen visible employé est absolument improductif en soi; il voit que cette cause surnaturelle ne peut-être Dieu; il doit donc nécessairement l'attribuer à la participation du démon; dès-lors, non-seulement il doit soupçonner le mal, il doit même l'approfondir autant que possible; et comme ce mal frappe tout œil qui veut le voir, il le fuit sans composition.

Cette prière qu'ajoute M. de L...., est évidemment un accessoire postérieur à la primitive institution. Mesmer, athée de profession, riroit bien aujourd'hui de ce supplément, s'il le voyoit en vogue parmi ses disciples; mais non, il loueroit l'adresse de l'inventeur, qui, par ce stratagême lui a acquis plus de partisans et de copistes, qu'il n'en auroit eus en se restreignant au procédé primitif de l'institution. Cette prière est encore une imitation de celle que J.-C. adressoit à son père en certaines circonstances avant d'opérer les miracles, mais qui ne pouvoit lui communiquer de nouveaux pouvoirs, puisqu'il possédoit, comme Dieu la plénitude de la toute-puissance ; mais cette imitation n'a pas peu servi à accréditer l'art et les artistes parmi ces personnes pieuses que l'on n'eût jamais gagnées, si elles n'eussent pas aperçu cette apparence de piété dans l'exercice de cet art extraordinaire.

M. de L.... dit qu'un père *Robert*, jésuite, attaqua en 1617, les guérisons magnétiques, en disant qu'elles étoient dues au démon. J'ignorois absolument ce fait ; il me réjouit, en me montrant que je ne suis pas le premier qui ait eu cette pensée, et qui l'ait manifestée avec autant de conviction.

Mais, ajoute M. de L...., le père Wankelmont a opposé au père Robert une opinion contraire..... Je ne vois ici que deux opinions qui se contrarient ; mais je n'apperçois rien de probatif contre celle du père Robert. Je dirois même que celle-ci a l'avantage, en ce qu'elle est fortifiée des lumières modernes que nous avons acquises sur cet art, et que n'avoit pas le père Robert, pour les opposer à son antagoniste.

Enfin, M. de L.... m'annonce une réplique lors de la publication de ce petit écrit. Je lui observe que sa lettre contenant la substance essentielle de ses moyens, à moins qu'il ne parvienne à détruire mes raisonnemens, mes preuves et les faits que je cite, je regarderai comme non-avenue pour moi une nouvelle collection de faits, de dits et de redits inutiles au fond de l'affaire, dont le point capital est la cause.

que j'attaque, et non pas les effets que j'accepte pour monnoye courante, sans les contredire. La cause qui les produit me paroit anti-chrétienne-catholique et anti-morale; c'est tout ce que j'ai eu intention de prouver pour la gloire de Dieu, et comme antidote préservatif pour quelques honnêtes concitoyens qui sont tous les jours la dupe de cet art que je crois venir en ligne directe des antres de Lucifer. Mon opinion n'est pas article de foi; mais il faut détruire les preuves qui l'appuyent par d'autres preuves capables de la renverser; sans cela, j'ai raison de la soutenir.

FIN.